創価学会員への折伏教本　分冊版⑧

法華講でなければ正しい信仰はできません

日蓮正宗宗務院

目　次

凡　例

一、本書は『創価学会員への折伏教本』（平成十六年刊）から、各論の第七章の七から結びまでを抄録し、加筆したものである。

一、本文中に引用した書名の略称は次のとおりである。

御　書――平成新編日蓮大聖人御書（大石寺版）
法華経――新編妙法蓮華経並開結（大石寺版）
文　段――日寛上人御書文段（大石寺版）
聖　典――日蓮正宗聖典
止会中――訓読摩訶止観弘決会本中（富士学林版）

一、本書では、同じ漢字でも仏教用語と一般用語とで、読み方を変えている。

【例】悪口（あっこう・あっく・わるくち）
歓喜（かんぎ・かんき）
懺悔（さんげ・ざんげ）
正義（しょうぎ・せいぎ）
罰　（ばち・ばつ）

第七章　法華講を知らない学会員に

七、法華講員は宗門に隷属させられているのではないか

あなたのいう「隷属《れいぞく》」とは、どのような意味でしょうか。

「隷属」という言葉は本来、下級の者が上級の者の指揮《しき》・監督《かんとく》を受けて、家来《けらい》のように付き従《したが》うことを意味します。日蓮正宗の信徒である法華講員が、日蓮大聖人を御本仏と仰ぎ、本門戒壇《かいだん》の大御本尊を礼拝《らいはい》し、唯授一人《ゆいじゅいちにん》の血脈《けちみゃく》を継承《けいしょう》される御法主上人を合掌礼《がっしょうれい》をもって敬《うやま》い、指導教師である僧侶を師弟《してい》相対のうえから尊敬することは、決して「隷属」などというものではないのです。

日蓮大聖人は、

「日蓮が弟子檀那《だんな》等自他彼此《じたひし》の心なく、水魚《すいぎょ》の思ひを成して異体同心《いたいどうしん》にして南無妙法蓮華経と唱へ奉《たてまつ》る処《ところ》を、生死《しょうじ》一大事の血脈とは云ふなり」

（生死一大事血脈抄　御書五一四ジペー）

と仰せられ、大聖人の仏法を奉《ほう》ずる僧侶と信徒は、分け隔《へだ》てなく、心を合わせて信心に励むべきことを御教示されています。

また、第九世日有《にちう》上人は『化儀抄《けぎしょう》』に、

「貴賤《きせん》道俗の差別なく信心の人は妙法蓮華経なる故に何《いず》れも同等なり、然《しか》れども竹に上下の節の有るがごとく、其《そ》の位をば乱《みだ》せず僧俗の礼儀《れいぎ》有るべきか」（聖典九七三㌻）

と御指南されています。これは、信心のうえにおいては本来、個々の身分や僧侶と信徒の差別はなく平等《びょうどう》であり、そのうえで、僧俗の秩序《ちつじょ》と役割《やくわり》をわきまえて、互《たが》いに尊敬し、礼を尽《つ》くすべきであると教えられたものです。

現在、法華講は、日蓮大聖人の貴《とうと》い御精神を承継《しょうけい》されている御法主上人の御指南のもとに、僧俗が共に手を携《たずさ》え、異体同心して自行化他《じぎょうけた》の信心に励んでいます。

「法華講は奴隷」「宗門に隷属」などは、宗門・法華講の麗《うるわ》しい僧俗和合の姿を妬《ねた》む創価学会のでまかせにすぎません。

八、法華講には、信心の歓喜がないのではないか

創価学会員がよく口にする「歓喜《かんき》」とは、「大声で笑い、拍手をして騒《さわ》ぐ興《こう》奮《ふん》状態」のことのようですが、歓喜とはそもそも仏教用語であり、その意味は、仏法を聴聞《ちょうもん》し、信ずる心を得て身心ともに喜びを感ずるということです。

したがって歓喜には、正しい教え、正しい信心がその基《もと》になければなりません。

日蓮大聖人は『御義口伝《おんぎくでん》』に、

「南無妙法蓮華経は大歓喜《だいかんぎ》の中の大歓喜なり」（御書一八〇一ジペー）

と仰せです。すなわち真実の大歓喜とは、正法正義の根本法体《ほったい》である本門戒《かい》壇《だん》の大御本尊を信じ、「南無妙法蓮華経」と唱題することによって、自己の生命の中に仏界を涌現《ゆげん》させることをいうのです。

仏縁《ぶつえん》深くして正法にめぐり合った法華講員は、誰もが深い感謝と大いなる喜びを胸に、御法主上人の御指南《しなん》に随順《ずいじゅん》して、仏道修行に精進《しょうじん》しているのです。法華講では、講習会に参加して御法主上人より直々《じきじき》に御講義を受けることができます。末寺においても、僧侶の法話などをとおして日蓮大聖人の仏法を学び、法華講員同士が互《たが》いに御本尊の功徳と信心の喜びを語り合っています。そこに一貫して流れるのは、真摯《しんし》な求道心《ぐどうしん》と正法を受持できた感謝の一念です。

この法華講員の姿こそ、正しい仏法にもとづいた真の歓喜というべきなのです。

正法から離れた創価学会には、真実の歓喜はありません。そこには、浮《うわ》ついた万歳《ばんざい》三唱や勝鬨《かちどき》などの喧噪《けんそう》、他人の悪口や個人攻撃による嘲笑《ちょうしょう》といった、異常《いじょう》な集団的興奮《こうふん》があるのみです。

九、法華講の組織に所属しなければ、日蓮正宗の信仰はできないのか

法華講とは、日蓮大聖人の仏法を信仰する者の集まりをいい、日蓮正宗寺院のすべてに法華講が組織されています。日蓮正宗の信徒は、必ずいずれかの寺院に所属し、法華講員となることになっています。

ですから、あなたが日蓮正宗の信仰をするためには、末寺に組織されている法華講に所属しなければなりません。

あなたがもし、組織に所属することに抵抗《ていこう》を感ずるならば、その考えを改めなければなりません。

日蓮大聖人は『富木《とき》殿御書』に、

「志《こころざし》有らん諸人は一処《いっしょ》に聚集《じゅじゅう》して御聴聞《ちょうもん》有るべきか」（御書一一六九ジペー）

と仰せられ、信心する者は互《たが》いに集まって、僧侶の説法を聞くように諭《さと》され

ています。

また『法華行者値難事《ちなんじ》』には、

「各々互《たが》ひに読み聞けまいらせさせ給《たま》へ。（中略）互ひにつねにいゐあわせて、ひまもなく後世《ごせ》ねがわせ給ひ候《そうら》へ」（御書七二一ジペー）

と示され、弟子檀那《だんな》は信心のあり方などを、互いに話し合い、励《はげ》まし合って精進《しょうじん》するよう教えられています。

さらに大聖人は、『生死《しょうじ》一大事血脈《けちみゃく》抄』に、

「日蓮が弟子檀那《だんな》等自他彼此《じたひし》の心なく、水魚の思ひを成《な》して異体同心にして南無妙法蓮華経と唱へ奉《たてまつ》る処《ところ》を、生死一大事の血脈とは云ふなり」

（御書五一四ジペー）

と、日蓮大聖人の仏法を信仰するうえにおいて、同志間の異体同心の団結がもっとも大切であることを御教示されています。

これらの御教示は、法華講員が個々まちまちに信仰をするのではなく、指

導師のもとに、他の法華講員と心を合わせ、励まし合って信心することが大事であるということです。

組織から離《はな》れて、自分の思いのままに信心をすることは、必ず我見《がけん》や増上慢《ぞうじょうまん》に陥《おちい》り、仏法の真意を会得《えとく》するどころか、かえって道を誤《あやま》ることになるのです。

あなたは法華講に入講して、日蓮正宗の正しい仏道修行に励むべきです。

十、法華講に入ると、創価学会の悪口ばかり聞かされるのではないか

仏教には「勧誡《かんかい》二門」が説かれています。これは、仏道を成就《じょうじゅ》するためには、誤《あやま》りを誡《いまし》め、善行《ぜんぎょう》を勧《すす》めるという二つの面がそなわらなければならないということです。

日蓮大聖人の仏法においても、「破邪顕正《はじゃけんしょう》」すなわち邪義《じゃぎ》邪宗を破《やぶ》り、正法正義《しょうぎ》を顕揚《けんよう》することが基本精神であることは、『立正安国論』などに明らかです。

宗門僧侶や法華講員は、仏法を破壊《はかい》し会員を誑惑《おうわく》する創価学会に対して、その間違いを指摘《してき》し、破折《はしゃく》しているのです。

日蓮大聖人は『開目抄』に、

「我が父母《ふも》を人の殺すに父母につげざるべしや。悪子《あくし》の酔狂《すいきょう》して父母を殺

すをせいせざるべしや」（御書五七七ジペー）

と譬《たと》えをもって御教示されています。この御文は、妙法を信仰する者が邪義邪宗を破折しないことは、あたかも親の身に危険が迫《せま》っていることを知った子供が、それを親に告《つ》げないようなものであり、酒に酔《よ》った息子《むすこ》が親を殺そうとしているのを見て、それを止めないようなものであるという意味です。

現在、宗門の僧侶や法華講員が創価学会員に対し、道理をもってその誤りを破折していますが、その行為は日蓮大聖人の御教示にもとづいた破邪顕正の実践《じっせん》であり慈悲《じひ》の行為なのです。したがって、その行為は「創価学会に対する悪口」などというものではありませんし、創価学会が行《おこな》っているような、怨念《おんねん》による個人攻撃などとはまったく異《こと》なるものです。

また、あなたは、法華講員が創価学会批判《ひはん》ばかりを聞かされているようにいいますが、それは誤解《ごかい》です。なぜなら宗門僧侶や法華講員は朝夕の勤行はもちろんのこと、常に唱題行に励み、折伏弘教を実践し、さらには教学の研《けん》鑽《さん》に努《つと》めており、折伏や勉強会の一環《いっかん》として創価学会破折を行うことはあっても、創価学会批判に明け暮《く》れているわけではないからです。

十一、法華講に入らないと、日蓮正宗の葬儀や法事をしてもらえないのか

日蓮大聖人の仏法は謗法厳誡《ほうぼうげんかい》であり、その精神を守る日蓮正宗では、謗法の供養を受けません。謗法とは正しい教えに背《そむ》くことであり、他宗教を信仰する人や日蓮正宗の信仰を持《たも》たない人はすべて「謗法の人」に当たります。

御本尊に背き御本尊の功徳に浴《よく》することができない謗法の人が、いかに御本尊に御供養することを願い出ても、許されることではありません。また、葬儀《そうぎ》や法事を願い出ても日蓮正宗の法式で執行《しっこう》することもできません。

これについて日蓮大聖人は『新池《にいけ》御書』に、

「謗法の供養をば銅《あかがね》の焔《ほのお》とこそおほせられたれ。（中略）人の子として我が親を殺したらんものゝ、我に物をえさせんに是《これ》を取るべきや」（御書一四五八ジペー）

と仰せられ、謗法の供養を受けることは、親の敵《かたき》から物をもらうようなものであり、正法を信仰する者がしてはならないことである、と御教示されています。

また、第九世日有《にちう》上人は『化儀《けぎ》抄』に、

「縦《たと》い昨日《さくじつ》まで法華宗の家なりとも孝子施主《こうしせしゅ》等が無くんば仏事を受くべからず、但《ただ》し取骨《しゅこつ》までは訪《とぶら》うべし」（聖典九八九ページ）

と仰せられ、本宗の信仰をしていた人が亡くなり、信仰を継《つ》ぐ人がいないときは、葬儀・骨《こつ》上げまで弔《とむら》うことは許されますが、それ以後の法事などは本宗で行ってはならないと御指南されています。

現在の創価学会は仏法破壊《はかい》の大謗法集団となっています。したがって、学会員が日蓮正宗での葬儀や法事を願い出ても、正宗寺院としてそれを受けることができないのは当然です。

ですから、日蓮正宗で葬儀・法事を執行したいと願うならば、一日も早く法華講に入って、正しい信仰を受持することが大事です。

十二、法華講では、創価学会員からいやがらせを受けたときに守ってくれるのか

あなたが創価学会を脱会し、法華講に入講すれば、学会員は、あなたを学会に戻すために色々な手口を使って近寄ってくるでしょう。

最初は「あなたがいなくなって寂《さび》しい」などとおだてたり、「あなたが寺にだまされているから、かわいそうで仕方がない」などと泣き落としをかけてきます。それが通用しないと知るや、「地獄へ堕《お》ちろ」「学会員を折伏したら容赦《ようしゃ》しない」などと脅《おど》しにかかってきます。

よくある手口としては、創価学会員が一人暮らしの法華講員宅に無断《むだん》で上がり込み、「法華講をやめます」との書類に署名《しょめい》するまで何時間も居座《いすわ》るというものがあります。また、なかには「戦争反対」の署名《しょめい》運動と称《しょう》する用紙が、

実は「脱講届《だっこう》」だったという詐欺《さぎ》まがいの手口もあります。

このようないやがらせは、脱会した誰もが少なからず経験していることです。しかし、創価学会の誤《あやま》りに気づき、自らの意思で学会を脱会して法華講員となった人は、このような創価学会のいやがらせがあっても、強い信心と僧侶の指導、同志の激励《げきれい》によって悠然《ゆうぜん》とそれを乗り越えています。

ですからあなたが、脱会したことによって、創価学会員からいやがらせを受けたとしても、何も恐れることはありません。

もし、創価学会員からのいやがらせがあった場合には、寺院や法華講に、創価学会に対応する体制が整《ととの》っていますので、指導教師や法華講役員に相談すれば、必ず力になってくれるはずです。

学会員が訪《たず》ねてきた際には、玄関先で対応し、あなたのほうから訪問者の住所氏名を確認《かくにん》して、「後日、こちらから伺《うかが》います」と伝えて、引き取ってもらうことが賢明《けんめい》です。

そして折《おり》を見て、法華講役員などの協力を得《え》て、訪問してきた学会員を折伏するように心がけましょう。その際、学会員を所属寺院に連れて行って、僧侶に話をしていただくこともひとつの方法です。

なお、どこから流れてきたかわからない離脱僧や、名前も住所も名乗らない学会員に対しては、まともに対応する必要はありません。「創価学会は大謗法である。あなたがたは地獄に堕《お》ちますよ」といい切って追い返しましょう。

十三、法華講員は、総本山や寺院参詣を強要されるのか

法華講員にとって、総本山や寺院に参詣《さんけい》することは大切な仏道修行であり、成仏を願い、功徳善根《ぜんごん》を積むために、自《みずか》ら進んで行うべきものです。

大聖人は『四条金吾殿御返事』に、

「毎年度々《たびたび》の御参詣には、無始《むし》の罪障《ざいしょう》も定《さだ》めて今生一世《こんじょういっせ》に消滅《しょうめつ》すべきか」（御書一五〇二㌻）

と、たびたび大聖人のもとに参詣した四条金吾殿の信心を称《たた》えられています。

総本山大石寺は、大聖人の御法魂《ほうこん》である本門戒壇《かいだん》の大御本尊まします霊山《りょうぜん》浄土であり、そこに参詣して絶大な功徳を積むことができるのは、日蓮正宗の仏法を護持《ごじ》する法華講員だけなのです。

法華講員が総本山へ登山参詣できる機会は、新春初登山・春季総登山・夏

期講習会登山・支部総登山などがあり、これ以外にも御霊宝虫払会《ごれいほうむしばらいえ》・宗祖御《ご》大会《たいえ》の二大法要や、個人で参詣する「添書登山《てんしょ》」があります。

現在、日本のみならず全世界の法華講員は、歓喜《かんき》をもって総本山に登山しているのです。

また寺院参詣については、広布唱題会・日蓮大聖人御報恩御講《おこう》・春秋彼岸《ひがん》会《え》・盂蘭盆会《うらんぼんえ》・御会式《おえしき》などの年中行事や月例《げつれい》行事、また、法華講の各種会合などがあります。

法華講員にとって所属寺院は修行の道場《どうじょう》ですから、これらの法要や行事に参詣し参加することは、大切な修行になります。

法華講員は自らの信心を磨《みが》き、広宣流布の使命を果《は》たすために寺院を護《まも》り、寺院参詣をすすんで実践しているのです。

十四、法華講と創価学会の信心では、どのような違いがあるのか

法華講と創価学会の信心の違《ちが》いは多くありますが、ここでは三点を挙げて説明します。

①目的

法華講は、正法興隆《こうりゅう》と広宣流布をめざし、法華講員の信心の育成《いくせい》をその活動の目的としています。法華講員は、大聖人の仏法を純粋《じゅんすい》に信仰し、成仏するための信心をしています。

一方、創価学会は、信仰集団としての一面と、文化団体・平和団体としての一面を持ち合わせています。そのため会員は、信仰活動のほかに、選挙活動や民音《みんおん》のチケット販売《はんばい》、書籍《しょせき》販売など、信仰とはまったく無縁《むえん》の活動に奔《ほん》走《そう》させられています。

②師弟

法華講は、日蓮大聖人を末法の御本仏《ごほんぶつ》と仰ぎ、大聖人以来の血脈《けちみゃく》を継承《けいしょう》される御法主上人の御指南に随順《ずいじゅん》して信心に励《はげ》んでいます。

これに対して、創価学会は「日蓮仏法を奉《ほう》ずる」などといっていますが、実態《じったい》は「日蓮仏法を具体化して弘めたのは池田先生である」といい、会則《かいそく》には池田大作を「永遠の指導者」と謳《うた》っています。すなわち学会員にとっての「師匠《ししょう》」とは、日蓮大聖人が入滅《にゅうめつ》後の大導師《どうし》として定められた血脈付法の御法主上人ではなく、池田大作なのです。

③参詣

寺院は宗祖大聖人の時代から存在し、そこには三宝尊《さんぼうそん》がそなわる重大な意義があります。

法華講の信心は、総本山大石寺を信仰の根本霊場《れいじょう》とし、所属寺院を修行の道場として、日常の信心活動に励んでいます。日蓮正宗の総本山とその流れを汲《く》む末寺には、真の仏宝《ぶっぽう》・法宝《ほうぼう》・僧宝《そうぼう》の三宝が厳然《げんぜん》とそなわっており、法華講員は寺院に参詣することによって、直接三宝を敬《うやま》い、大きな功徳を積むことができるのです。

一方、創価学会には、会館はありますが、総本山も末寺もありません。創価学会の会館には仏法僧の三宝がそなわっていないことはもちろんのこと、掛《か》けられている本尊も『ニセ本尊』など、すべて血脈が切れたものなのです。ですから、学会の会館へ行っても、功徳を積むどころか恐ろしい悪業《あくごう》を積むだけです。

なお、創価学会には、本宗からの離脱僧《りだつそう》が占拠《せんきょ》しているわずかな寺院と、「会館寺院」と称《しょう》する施設《しせつ》がありますが、これらは寺院としての本来の意義はまったくありません。

これらの三点だけを見ても、法華講と創価学会の信心には形態《けいたい》・内容などに大きな違いがあることがわかります。しかも、もっとも大切なことは信心の結果であり、法華講の信心には、正法正義《しょうぎ》による即身成仏《そくしんじょうぶつ》の大利益《りやく》がありますが、創価学会の信心には、謗法《ほうぼう》の悪業《あくごう》による現罰《げんばつ》と堕《だ》地獄の苦しみがあるだけです。

十五、法華講の信心活動とはどのようなものか

法華講員の信心活動としては、勤行・唱題・折伏・寺院参詣・教学の研鑽《けんさん》などが主なものです。これらは、末法の衆生が成仏すべき信心修行として、宗祖日蓮大聖人が御教示《きょうじ》されたものであり、日蓮正宗では七百五十年の間、これらの信心修行を変わることなく実践してきました。

①勤行

勤行《ごんぎょう》とは、朝と夕に御本尊に向かって、読経《どきょう》唱題し、仏法僧《ぶっぽうそう》の三宝《さんぼう》に御報《ほう》恩《おん》申し上げ、種々《しゅじゅ》の御祈念《きねん》と先祖回向《えこう》をすることで、日蓮正宗の信仰の基本となる大切な修行です。

②折伏の実践

折伏《しゃくぶく》とは、誤《あやま》った宗教を信じている人や、宗教に無縁《むえん》の人に対して、人生の

不幸や苦しみの原因が、誤った思想や宗教にあり、日蓮大聖人の仏法こそが、幸福をもたらす唯一《ゆいいつ》の道であることを教えて、日蓮正宗に帰依《きえ》させることです。

この折伏は、宗祖日蓮大聖人の御遺命《ごゆいめい》である正法興隆《こうりゅう》・広宣流布の実現と、自身の罪障《ざいしょう》消滅のために、欠《か》くことのできない大切な修行です。

③総本山・寺院への参詣

法華講員が実践している寺院参詣《さんけい》には、総本山への登山参詣と末寺への参詣とがあります。

総本山大石寺には、日蓮大聖人の御当体《ごとうたい》である本門戒壇《かいだん》の大御本尊が厳護《げんご》されています。また、総本山には、大聖人以来の血脈《けちみゃく》を所持される御法主上人がおられます。したがって総本山大石寺は、日蓮大聖人の仏法の一切がそなわり、その御精神が脈々《みゃくみゃく》と息づいている信仰の霊地《れいち》なのです。

また、末寺は法華講員にとって、身近に指導教師の指導を受けて信心を磨《みが》き、行学を実践《じっせん》する大切な道場です。

日蓮大聖人は『南条殿御返事』に、

「参詣遥《はる》かに中絶《ちゅうぜつ》せり。急ぎ急ぎに来臨《らいりん》を企《くわだ》つべし」（御書一五六九ジペー）

と仰せられ、参詣が途絶《とだ》えた南条時光殿に対して、大聖人のもとに急いで登山参詣するよう促《うなが》されています。

日蓮大聖人の仏法を奉《ほう》ずる者にとって、三宝《さんぼう》が整足《せいそく》する日蓮正宗寺院に参詣することは大切な修行です。

④教学の研鑽

日蓮大聖人は、

「行学《ぎょうがく》の二道をはげみ候《そうろう》べし。行学たへなば仏法はあるべからず」

（諸法実相抄　御書六六八ジペー）

と、信心修行と教学の研鑽《けんさん》が何《なに》よりも大切であると御教示されています。教学の研鑽がなぜ大切なのかといえば、日蓮大聖人の教義を正しく理解し、信心を深め、折伏に必要な教学力を身につけることができるからです。

なおこのほかにも、法華講員は、寺院の清掃《せいそう》や同志への激励《げきれい》など、御報恩の一念にもとづいた信心活動を行っています。

十六、法華講に入ると、創価学会と戦わなければならないのか

法華講は、学会を相手に勢力《せいりょく》争いや悪口《わるくち》のいい合いをしているのではありません。法華講員は、日蓮大聖人の仏法に縁《えん》を持ちながら、池田大作に誑惑《おうわく》され、悪道《あくどう》に堕《お》ちる学会員を哀《あわ》れみ、破邪顕正《はじゃけんしょう》の折伏を実践《じっせん》しているのです。

日蓮大聖人は『曾谷《そや》殿御返事』に、

「謗法を責《せ》めずして成仏を願はゞ、火の中に水を求め、水の中に火を尋《たず》ぬるが如《ごと》くなるべし。はかなしはかなし」（御書一〇三九ジペー）

と示され、謗法を戒《いまし》める折伏を行じないで成仏を願っても、それは叶《かな》わないと御教示されています。

日顕上人は、折伏の心得《こころえ》について、

「けっして人を恨《うら》むのではなく、大慈大悲《だいじだいひ》の上から、その人が未来におい

て地獄へ堕《お》ちることを救うためにに行っていくところの清浄《しょうじょう》なる折伏であります」（大日蓮　平成十六年二月号二八ジペー）と御指南《しなん》されています。

創価学会は、日蓮正宗の僧侶や信徒に対して、怨念《おんねん》と憎悪《ぞうお》をもって誹謗中傷《ひぼうちゅうしょう》し、さまざまに攻撃を加えていますが、法華講員は、御法主上人の御指南のままに、どこまでも慈悲をもって創価学会の過《あやま》ちを正し、学会員を正法に導《みちび》くために精進《しょうじん》しているのです。

十七、法華講には、新聞啓蒙や選挙活動などがあるのか

法華講では、信心修行と称《しょう》した新聞販売《はんばい》の拡大や、特定《とくてい》の政党や候補者を支持する選挙活動はまったく行っていません。

日蓮正宗には『大日蓮《だいにちれん》』という機関誌があり、法華講連合会には『大白法《だいびゃくほう》』という機関紙があります。これらはともに法華講員が信心を深めるために発行されているものであって、外部に販売することを目的にしたものではありませんし、法華講員にノルマを課《か》して販売競争させるものでもありません。

日蓮正宗法華講は、どこまでも日蓮大聖人の仏法を正しく清らかに信仰するための団体なのです。

十八、法華講では僧侶のむずかしい法話を聞かされるのではないか

法華講では、僧侶（指導教師）の指導をもととして信行《しんぎょう》に励《はげ》んでおり、御《お》講《こう》や勉強会などで僧侶の法話を聞く機会が多いことは事実です。

宗門の僧侶は、御講や勉強会などの際には、信徒にさまざまな機根《きこん》の人がいることを配慮《はいりょ》して、すべての聴衆《ちょうしゅう》が理解できるよう、常に心を砕《くだ》いて法を説いています。

釈尊《しゃくそん》は法華経『法師品《ほっしほん》』に、

「此の法華経、最《もっと》も為《こ》れ難信難解《なんしんなんげ》なり」（法華経三二五ジペー）

と仰せられ、仏教のなかでもっとも深遠《しんえん》な教理《きょうり》が説かれている法華経は、信ずることも理解することもむずかしい、と教えられています。

末法の御本仏日蓮大聖人が説き明かされた仏法は、釈尊《しゃくそん》が説かれた法華経

よりも、さらに深い法義《ほうぎ》なのですから、初信《しょしん》の人が日蓮正宗僧侶の説法を聞いて、むずかしく感ずるのは当然のことです。

しかし、日蓮大聖人の仏法は、大御本尊を信ずる一念によって成仏が叶《かな》う教えであり、僧侶は信徒の信心を深めるために法を説くのですから、聴聞《ちょうもん》する法華講員に「一言一句《いちごんいっく》でも理解しよう」との強い求道心《ぐどうしん》があるならば、必ず命に響《ひび》くものがあるはずです。

日蓮大聖人は『新池《にいけ》御書』に、

「何《なに》としても此の経の心を知れる僧に近づき、弥《いよいよ》法の道理を聴聞して信心の歩みを運ぶべし」（御書一四五七ジペー）

と仰せられ、僧侶の説法を聴聞して信心に励《はげ》むことの大切さを御教示されています。

かつて池田大作は、日顕上人の御説法について、

「全然、また難《むずか》しい教義、聞いたって解《わか》んないんだ。誰も解らないんだ、

ドイツ語聞いているみたいにね」
（平成二年十一月十六日　第三十五回本部幹部会スピーチ）

と発言をしましたが、これは、仏法の奥義《おうぎ》を拝聴《はいちょう》しようとする信心を失った姿であり、増上慢《ぞうじょうまん》という以外にはありません。

なお、あなたが「僧侶の話より、学会幹部のほうが、おもしろくてわかりやすい」というならば、学会幹部の話は日蓮大聖人の仏法を、自分たちの都合にあわせて解釈《かいしゃく》し、深淵《しんえん》な教義を低い次元《じげん》に歪曲《わいきょく》して池田礼讃《らいさん》に結びつけているのですから、そのように思うのも無理《むり》からぬことです。

しかし、それらは成仏という仏法の目的を見失ったものであり、会員を地《じ》獄《ごく》に突《つ》き落とす邪義異説《じゃぎいせつ》以外のなにものでもないことを知るべきです。

十九、法華講員の中にきらいな人がいるから、法華講に入りたくない

人は誰《だれ》しも気の合う人もいれば、気の合わない人もいるものです。

だからといって、すべてを好ききらいで判断し行動することは、きわめて幼稚《ようち》なことであり、決して賢明《けんめい》な方法とはいえません。

今、あなたにとって大切なことは、正しい仏法を信仰して真の幸福を築《きず》くことではないでしょうか。そのためには、好ききらいの感情にとらわれることなく、正法に帰依《きえ》することを最優先《さいゆうせん》させなければなりません。

「法華講員の中にきらいな人がいる」というあなたが、なぜその人をきらうのか判然《はんぜん》としませんが、多くの場合、他人をきらう理由としてその人の癖《くせ》や欠点を挙《あ》げるものです。

しかし、癖や欠点がある人でも、正法を受持し信行《しんぎょう》に励《はげ》むことによって、

必ず立派な人格を形成《けいせい》していくのであり、あなた自身も妙法の功徳力《くどくりき》によって生命が浄化《じょうか》され、他人をきらう心が薄《うす》らいでいくことは間違いありません。また、信心が深まることによって、他人の仏性《ぶっしょう》を敬《うやま》う心が生まれ、自《おの》ずと他人を尊敬する命が現《あら》われてくるのです。

あなたが、現在の感情的なわだかまりを乗り越えて、日蓮大聖人の正法に帰依《きえ》し、互《たが》いに同志《どうし》として広宣流布に向かって精進《しょうじん》していくならば、すばらしい人間関係を築くことができるはずです。

日蓮正宗の信仰にこそ大御本尊の功徳がそなわっているのですから、安心して法華講員となり、充実した幸せな人生を歩んでください。

二十、法華講に入講するには、どのような手続きや儀式が必要なのか

創価学会員が法華講に入講するためには、創価学会へ「脱会届《だっかい》」を提出し、勧誡《かんかい》または御授戒《ごじゅかい》を受けなければなりません。

具体的には、まず指導教師の面接《めんせつ》を受け、創価学会の謗法《ほうぼう》をよく認識《にんしき》して、創価学会と一切の縁《えん》を切る「脱会届」を書きます。寺院によっては、「脱会届」を本人に直接創価学会本部に郵送させる場合もありますし、指導教師がいったん預《あず》かったうえで創価学会本部に郵送《ゆうそう》する場合もあります。

次に、自身の謗法与同罪《よどうざい》を悔《く》い改め、ふたたび謗法を犯《おか》すことなく、日蓮正宗信徒として正しく信仰していくことを誓《ちか》って「勧誡願」を提出し、勧誡式を僧侶の導師によって行ってもらいます。この際、以前に日蓮正宗の信仰をしたことがない人は、「御授戒」を受けることになります。

これらの手続きを経《へ》て、はじめて法華講員となることができるのです。このとき、法華講役員などから支部の取り決めや機関誌紙・講費《こうひ》などの説明を受け、新入講者の面倒《めんどう》を見る法華講員が紹介されます。

なお、『ニセ本尊』を所有《しょゆう》していた創価学会員が入講《にゅうこう》するときには、『ニセ本尊』を寺院に納めなければなりません。そのうえで日蓮正宗の御本尊の御《ご》下附《かふ》を願い出る場合は、「御本尊下附願」を提出して御本尊の御下附がなされます。

結び

一本の木に幹《みき》と枝があるように、何事《なにごと》にも基本の部分と枝葉《えだは》の部分があります。

日蓮大聖人の仏法においても、根幹《こんかん》となる一切衆生の成仏に深くかかわる教義・信仰と、そこから派生《はせい》する枝葉としての、宗団《しゅうだん》の運営《うんえい》や僧俗個人の信仰の姿などに分けることができます。

たとえば、あなたは「ブレーキが壊《こわ》れているだけだから」といわれて、安心してその車に乗ることができるでしょうか。ブレーキが乗る人の安全に深くかかわる、基本の部分なればこそ、あなたは身の危険を感じて車に乗ることはできないでしょう。

しかし、少しばかりシートに穴があき車体に傷《きず》があるといわれても、目的地に着くためならば、その車に乗るでしょう。それはシートの穴や車体の傷は、乗る人の身の安全を脅《おびや》かすものではない、いわば枝葉の部分だからです。

この『折伏教本《しゃくぶくきょうほん》』は、創価学会が日蓮大聖人の仏法の教義に違背《いはい》し、その実態《じったい》も多くの面で誤《あやま》っていることを、道理をもって指摘《してき》しています。

これらの指摘はすべて、あなた方創価学会員の成仏と幸せに直接つながる基本の部分なのです。また、この本で指摘したことはすべて真実であり、感情的な悪口《わるくち》や作為的《さくいてき》な悪宣伝《あくせんでん》とは、まったく違うものであることを知ってください。

あなたは、現在創価学会が連日のように、御法主上人や宗門の僧侶を誹謗《ひぼう》していることを御存《ごぞん》じでしょう。これらの誹謗中傷《ちゅうしょう》は、すべて怨念《おんねん》と悪意《あくい》による捏造《ねつぞう》であり、法義の基本から外《はず》れた枝葉末節《しようまっせつ》にすぎないのです。

今あなたは、ブレーキどころかエンジンやタイヤまで壊れている創価学会という車にそのまま乗り続けるのか、あるいは成仏という目的地に間違いなく到達できる日蓮正宗の信仰に帰依《きえ》するのか、との重大な選択《せんたく》を迫《せ》まられています。

日蓮大聖人は『立正安国論』に、

「何《なん》ぞ同じく信心の力を以《もっ》て妄《みだ》りに邪義《じゃぎ》の詞《ことば》を宗《あが》めんや」（御書二四九㌻）

と仰せられ、なぜ同じ「信ずる心」を持ちながら、間違った教えを信ずるのか、と戒《いまし》められています。

また、像法《ぞうぼう》時代の妙楽大師《みょうらくだいし》は、『摩訶止観輔行伝弘決《まかしかんぶぎょうでんぐけつ》』に、

「師《し》・法《ほう》の二疑《にぎ》は、須《すべか》らく暁《あき》らむべし。（中略）此《この》二法に於て若《も》し疑わずんば、或《あるい》は当《まさ》に復《また》邪師邪法に雑《ぞう》すべし」（止会中四―一三七㌻）

と説いています。この文は、「仏法を修行する者は、まず師事《しじ》する師匠《ししょう》と受持する法を疑って、その実態を明らかにしなければいけない。疑わなければ、邪師と邪法にたぶらかされて不純《ふじゅん》な修行になる」という意味です。

この妙楽大師の文について、第二十六世日寛《にちかん》上人は、

「経文と諸師の所立《しょりゅう》と天地雲泥《うんでい》なり。何ぞ疑わざるを得んや。又蓮師《れんし》の末《まつ》流《りゅう》も同じからず」（法華題目抄文段　文段《もんだん》六五五ジペー）

と仰せられ、「諸宗の教義は経文と大きく異《こと》なっており、日蓮大聖人の流れを汲《く》む門流も間違ったものが多い」と御指南されています。

このように、「信順《しんじゅん》すること」が大切であると説く仏教でも、信仰の道を間違えないために、修行を始める前に師と法を疑うことを教えているのです。

まして、この『折伏教本』では、池田大作の指導や創価学会の言い分《ぶん》が、多くの点で間違っていることを指摘しているのですから、あなたは一度、池田大作と創価学会を疑ってみてはいかがでしょうか。

そのためにも、この『折伏教本』を読み直してみてください。否《いな》、二度三度と読み返してください。

そして池田創価学会の誤《あやま》りに気づいたならば、勇気をもって日蓮正宗に帰《き》

依《え》し、正しい信心修行に邁進《まいしん》してください。

そこから、必ずあなたの成仏と幸せのみならず、親兄弟さらには子孫《しそん》の、万代《ばんだい》にわたる幸福の道が開かれていくことでしょう。

あなたが、日蓮大聖人の仏法により、真の幸せを築《きず》かれることを祈ってやみません。

〈終〉

日蓮正宗発行の参考書籍

（　）内は発行年月日

一、日蓮正宗の教義・信仰に関する書籍

・『日蓮正宗の行事』（昭和四十六年五月二十八日）
・『続日蓮正宗の行事』（昭和五十年五月二十八日）
・『日蓮正宗要義』（昭和五十四年四月二十八日）
・『日蓮大聖人正伝』（昭和五十六年十月十三日）
・『日興上人・日目上人正伝』（昭和五十七年十二月十五日）
・『正しい宗教と信仰』（昭和六十年八月二十四日）
・『絵で見る日蓮正宗の信仰』（平成九年七月）
・『法華講員の心得』（平成十年十月一日）
・『日蓮正宗入門』（平成十四年一月一日）

二、創価学会に対する破折に関する書籍

・『創価学会「ニセ本尊」破折―一〇〇問一〇〇答―』

(平成六年一月一日)

・『創価学会の新理論とその本質―人間主義と凡夫本仏―』

(平成九年三月二十八日)

す―小林正博の「法主絶対論の形成とその批判」

二十八日)

義を破す』(平成九年十月十五日)

の邪難を粉砕す』(平成九年十二月十五日)

とはこんなに間違っている』(平成十二年一月六日)

十年慶祝記念開宣大法要」における御法主日顕上人

する離脱僧らの邪難を粉砕す』

(平成十四年五月十日)

・『―新興宗教「創価学会」―「会則」改変の欺瞞を糾す』
（平成十四年七月二十五日）

・『新興宗教「創価学会」と離脱僧らの再度の邪難を摧破す』
（平成十四年八月六日）

・『諸宗破折ガイド』（平成十五年三月二十八日）

・『―日精上人誹謗の蒙を啓く―創価学会教学部長　斉藤克司の邪問を破す』
（平成十六年三月三日）

創価学会員への折伏教本　分冊版 ⑧

法華講でなければ正しい信仰はできません

平成 29 年 10 月 12 日　初版第 1 刷発行
平成 29 年 10 月 20 日　初版第 2 刷発行

編　纂　　折 伏 教 本 編 纂 委 員 会
発　行　　日　蓮　正　宗　宗　務　院

発行所　　株式会社　大　日　蓮　出　版
静岡県富士宮市上条546番地の１

印　刷　　株式会社 き う ち い ん さ つ

ISBN　978－4－905522－63－8